**BIENVENIDO A LO
CUIDADOSAMENTE
INVESTIGADO Y EMBALADO**

ESCRITURA
INTENSIVA

&

CURSO
EDITORIAL

DEL

ASOCIACIÓN DE ESCRITORES CRISTIANOS DE NUEVA DIMENSIÓN –

UNA DIVISIÓN DE NUEVA DIMENSIÓN CHAPLAINS INITIATIVE INC

SEDE:
LAGOS, NIGERIA.

ESQUEMAS DE CURSOS PARA PERSONAS ALTAMENTE INVESTIGADAS
CURSO INTENSIVO DE ESCRITURA Y PUBLICACIÓN

Curso 1: Los fundamentos de la escritura

Este curso cubrirá los fundamentos de la escritura, como la gramática, la puntuación y el estilo. Los estudiantes aprenderán a escribir oraciones y párrafos claros, concisos y atractivos. También aprenderán a estructurar su escritura de forma lógica.

Curso 2: Desarrollo del carácter

Este curso se centrará en la creación de personajes creíbles y memorables. Los estudiantes aprenderán cómo desarrollar las historias de fondo, las motivaciones y las personalidades de sus personajes. También aprenderán a escribir diálogos que sean naturales y creíbles.

Curso 3: Trama y Estructura

Este curso enseñará a los estudiantes cómo crear una trama convincente y estructurar su historia de una manera que mantenga a los lectores interesados. Los estudiantes aprenderán cómo crear conflictos, suspenso y resolución. También aprenderán a utilizar presagios y otros recursos literarios para crear una sensación de misterio e intriga.

Curso 4: Construcción del mundo

Este curso enseñará a los estudiantes cómo crear un mundo creíble e inmersivo para sus historias. Los estudiantes aprenderán a crear mapas, culturas y religiones para sus mundos. También aprenderán a utilizar el lenguaje para crear una sensación de lugar y atmósfera.

Curso 5: Autoedición

Este curso enseñará a los estudiantes cómo editar sus propios escritos para mayor claridad, gramática y estilo. Los estudiantes aprenderán a identificar y corregir errores en su escritura. También aprenderán cómo mejorar su escritura mediante el uso de verbos más fuertes, imágenes más vívidas y un lenguaje más conciso.

Curso 6: Marketing y Promoción

Este curso enseñará a los estudiantes cómo comercializar y promover sus libros. Los estudiantes aprenderán cómo crear un sitio web, generar una audiencia y vender sus libros. También

aprenderán a utilizar
las redes sociales
para promocionar sus
libros.

Estos son sólo
algunos ejemplos de
esquemas de cursos
para autores en
ciernes. Los cursos
específicos que
ofrezca dependerán
de sus propios
intereses y

experiencia. Sin embargo, estos cursos le brindarán una buena base en los conceptos básicos de redacción y marketing.

Además de estos cursos, se espera que los estudiantes participen en una serie de talleres o programas de tutoría para autores más vendidos. Esta es una excelente manera de brindar orientación y apoyo personalizados a los aspirantes a escritores.

¡Espero que esto ayude!

CURSO 1

LOS BASICOS

1.1. ¿QUÉ ES UN LIBRO?

1.2. TIPOS DE LIBROS

1.2.1. NO FICCIÓN

LIBROS DE TEXTO

BIOGRAFÍAS

ANTOLOGIAS, ETC.

LIBROS DE BAJO CONTENIDO

- **LIBROS DE TRABAJO**
- **MANUALES**
- **REVISTAS**
- **DIARIOS Y DIARIOS.**

- **ADAPTACIO NES**
- **SERIE ABRIGADA, ETC.**

BIOGRAFÍA S

La publicación de biografías tiene muchas ventajas . Éstos son algunos de ellos:

Documentar la historia: las biografías pueden documentar las vidas de personas y eventos importantes, preservando sus historias para las generaciones futuras. Esto puede ser especialmente valioso para personas que han hecho contribuciones significativas a la sociedad o que han vivido acontecimientos históricos importantes.

Inspirar a otros:
las biografías
pueden inspirar a
otros
mostrándoles
cómo la gente
corriente puede
lograr cosas
extraordinarias.
También pueden
proporcionar
información sobre

los desafíos y triunfos de la vida, lo que puede resultar útil para las personas que enfrentan sus propios desafíos. Educar a los lectores: las biografías pueden educar a los lectores sobre

diferentes
culturas, épocas y
formas de vida.
También pueden
proporcionar
información sobre
la condición
humana, lo que
puede ayudar a los
lectores a
comprenderse

mejor a sí mismos
y a los demás.
Lectores
entretenidos: las
biografías pueden
ser entretenidas y
educativas.
Pueden contar
historias que son a
la vez fascinantes
e informativas.
Esto los convierte

en una excelente manera de aprender sobre el mundo y al mismo tiempo disfrutar de una buena lectura.

Promoción del cambio social: las biografías pueden promover el cambio social al resaltar las historias de personas que han luchado por la justicia y la igualdad. También pueden crear conciencia sobre cuestiones importantes e inspirar a otros a actuar.

En general, las biografías ofrecen una serie de ventajas. Pueden documentar la historia, inspirar a otros, educar a los lectores, entretenerlos y promover el cambio social. Si estás interesado en escribir una biografía, te animo a que lo hagas. Puede ser una experiencia gratificante que lo beneficiará tanto a usted como a sus lectores.

1.2. ¿QUÉ ES ESCRIBIR LIBROS?

1.3. ¿CUÁLES SON LAS PARTES MÁS IMPORTANTES DE UN LIBRO?

Las partes más importantes de un libro son las que mantienen al lector interesado y comprometido.

Esto puede variar
según el género
del libro, pero
algunos elementos
comunes que son
importantes en la
mayoría de los
libros incluyen:

La trama: La
trama es la
columna vertebral

de cualquier libro. Es la historia que cuenta el libro y es lo que mantiene al lector pasando las páginas. La trama debe tener un buen ritmo, con suficientes giros y vueltas para mantener al lector adivinando.

Los personajes:
Los personajes
son las personas
que habitan el
mundo del libro.
Son con quienes el
lector se
conectará, por lo
que es importante
que estén bien
desarrollados y
sean

identificables. Los personajes deben tener objetivos y motivaciones claras, y deben enfrentar desafíos que el lector pueda alentar a superar.

El escenario: El escenario es el mundo en el que

se desarrolla el libro. Puede ser un lugar real o ficticio, pero debe estar bien descrito para que el lector pueda imaginarlo en su mente. El escenario también debe ser relevante para la trama y los personajes, y debe ayudar a crear una sensación de atmósfera.

El estilo de escritura: El estilo de escritura es la forma en que está escrito el libro. Es la voz del autor y es lo que hará que el libro sea único. El estilo de escritura debe ser claro, conciso y atractivo. También debe ser apropiado para el género del libro.

Los temas: Los temas son los mensajes subyacentes del libro. Son lo que el libro intenta decir sobre el mundo. Los temas deben ser claros y bien desarrollados, y deben ser relevantes para la trama y los personajes.

Estas son sólo algunas de las partes más

importantes de un libro. Los elementos específicos que son más importantes variarán según el género del libro, pero estos son algunos de los elementos esenciales para cualquier buen libro.

1.4. ¿CUÁLES SON LAS CARACTERÍSTICAS DE UNA BUENA COMUNICACIÓN?

Una buena comunicación es esencial para el

éxito en todos los ámbitos de la vida. Nos permite conectarnos con otros, compartir nuestras ideas y construir relaciones. Hay muchas características de una buena comunicación, pero algunas de las más importantes incluyen:

Claridad: una buena comunicación es clara y fácil de entender. El remitente debe poder expresar sus ideas de una manera que el receptor pueda entenderlas fácilmente.

Coherencia: La buena comunicación es coherente y lógica. Las ideas del remitente deben fluir sin problemas y tener sentido.

Concisión: la buena comunicación es concisa y va al grano. El remitente debe evitar palabras o detalles innecesarios.

Relevancia: una buena comunicación es relevante para el tema en cuestión. El remitente debe evitar salirse por la tangente o introducir información irrelevante.

Precisión: la buena comunicación es precisa y veraz. El remitente debe evitar realizar declaraciones falsas o engañosas.

Empatía: la buena comunicación es empática y

considerada con los sentimientos del receptor. El emisor debe ser consciente de cómo el receptor puede percibir sus palabras y ajustar su comunicación en consecuencia.

Respeto: la buena comunicación es

respetuosa y considerada con la perspectiva del receptor. El remitente debe evitar ser condescendiente o condescendiente.

Apertura: la buena comunicación es abierta y honesta. El remitente debe estar dispuesto a compartir sus pensamientos y sentimientos con el receptor, incluso si es difícil hablar de ellos.

Además de estas características, una buena comunicación también se caracteriza por la escucha activa, la atención al lenguaje corporal y la conciencia del contexto de la comunicación. Si sigue estos principios, podrá mejorar sus habilidades de comunicación y construir relaciones más sólidas con los demás.

1.5. ¿CÓMO PROTEGER LOS DERECHOS DE AUTOR DE UN AUTOR?

Los derechos de autor son un derecho legal que protege las obras originales de autoría, incluidas obras literarias, dramáticas, musicales y artísticas, como poesía, novelas, películas, canciones, software de computadora y arquitectura. Los derechos de autor protegen la expresión

de una idea, no la
idea en sí.

En los Estados Unidos, la protección de los derechos de autor es automática. Una vez que crea una obra de autoría, posee los derechos de autor de la misma. No es necesario registrar sus derechos de autor en la Oficina de derechos de autor de EE. UU., pero hacerlo puede brindarle algunos beneficios adicionales.

A continuación se muestran algunas formas en que un escritor puede proteger sus derechos de autor:

Marque su trabajo con el símbolo de copyright (©). Esto no es obligatorio, pero es una buena manera de que otros sepan que su trabajo tiene derechos de autor.

Incluya un aviso de derechos de autor. Esto debe incluir el símbolo de copyright, el año de la primera publicación y su nombre.

Guarde una copia de su trabajo. Esto le ayudará a demostrar que es el autor original del trabajo.

Registre sus derechos de autor en la Oficina de derechos de autor de EE. UU. Esto no es obligatorio, pero puede proporcionar algunos beneficios adicionales, como la posibilidad de demandar por infracción de derechos de autor.

Si cree que se han infringido sus derechos de autor, puede presentar una demanda por infracción de derechos de autor. También puedes enviar una carta de cese y desistimiento al infractor, exigiéndole que deje de utilizar tu trabajo.

A continuación se ofrecen algunos consejos adicionales para proteger sus derechos de autor:

Mantenga su trabajo seguro. Guarda tu trabajo en un lugar seguro y asegúrate de que sólo personas autorizadas tengan acceso a él.

Tenga cuidado al compartir su trabajo. Antes de compartir su trabajo con alguien, asegúrese de comprender los términos del acuerdo de intercambio.

Utilice marcas de agua y otras técnicas para proteger su trabajo en línea. Esto puede hacer que a las personas les resulte más difícil copiar su trabajo sin su permiso.

Si sigue estos consejos, podrá ayudar a proteger sus derechos de autor y garantizar que su trabajo esté protegido.

1.6. CUÁLES SON LAS CARACTERÍSTICAS DEL PLAGIO

El plagio es el acto de utilizar el trabajo o las ideas de otra persona sin darle crédito. Es una falta académica grave que puede tener graves consecuencias.

Las consecuencias del plagio pueden variar según la gravedad de la infracción y la institución donde se produce. Sin embargo, algunas consecuencias comunes incluyen:

Reprobar la tarea o curso.

Recibir una calificación reprobatoria en la tarea o curso.

Ser puesto en período de prueba académica.

Ser expulsado de la escuela.

Perder un trabajo o una beca.

Ser demandado por infracción de derechos de autor.

Además de las consecuencias académicas, el plagio también puede tener consecuencias profesionales y personales. Por ejemplo, los editores o empleadores pueden incluir a un plagiador en la lista negra. También pueden perder la confianza de sus colegas y amigos.

Hay varias cosas que los escritores pueden hacer para evitar el plagio. Éstas incluyen:

Citando sus fuentes correctamente.

Usar comillas al citar las palabras de otra persona.

Parafrasear las ideas de otra persona con sus propias palabras.

Evitar utilizar el trabajo de otra persona sin darle crédito.

Si no está seguro de si algo es plagio o no, siempre es mejor pecar de cauteloso y citar sus fuentes. Siguiendo estos consejos, podrás ayudar a evitar el plagio y proteger tu reputación académica y profesional.

A continuación se ofrecen algunos consejos adicionales para evitar el plagio:

Tenga cuidado al utilizar fuentes en línea. No todas las fuentes en línea son confiables y algunas pueden contener contenido plagiado.

Utilice un comprobador de plagio. Hay varios verificadores de plagio disponibles en línea que pueden ayudarlo a identificar plagio en su trabajo.

Obtenga ayuda de un bibliotecario o un tutor de escritura. Los bibliotecarios y tutores de escritura pueden ayudarle a comprender el plagio y evitarlo en su trabajo.

Siguiendo estos consejos, podrás ayudar a garantizar que tu trabajo sea original y evitar el plagio.

CURSO 2

DESARROLLO DE LIBROS

VENTAJAS DE ESCRIBIR SOLO

VENTAJAS DE USAR AUTÓNOMOS

VENTAJAS DE UTILIZAR LA INTELIGENCIA ARTIFICIAL

Velocidad: la IA puede escribir un libro mucho más rápido que un escritor humano. Esto puede ser una gran ventaja si tienes un plazo ajustado o si necesitas producir un gran volumen de contenido.

Precisión: la IA puede ser muy precisa en su escritura. Esto se debe a que está entrenado en grandes conjuntos de datos de texto y código, lo que le permite aprender los patrones del lenguaje humano.

Originalidad: la IA puede generar contenido original que no esté plagiado. Esto se debe a que no está limitado por las mismas limitaciones que los escritores humanos.

Creatividad: la IA puede ser creativa en su escritura. Esto se debe a que puede generar nuevas ideas y conceptos que los escritores humanos quizás no hayan considerado.

Desventajas:

Falta de toque humano: el texto generado por IA a veces puede carecer del toque humano que hace que la escritura sea atractiva e interesante. Esto se debe a que la IA no es capaz de comprender los matices del lenguaje y la cultura humanos de la misma manera que puede hacerlo un escritor humano.

Sesgo: la IA puede estar sesgada en su redacción. Esto se debe a que está entrenado en conjuntos de datos que pueden contener sesgos. Por ejemplo, si una IA se entrena con un conjunto de datos de texto escrito principalmente por hombres, es más probable que genere texto sesgado hacia los hombres.

producir texto generado por IA puede resultar

costoso . Esto se debe a que requiere el uso de potentes ordenadores y software especializado.

En última instancia, la decisión de pedirle o no a una IA que le escriba un libro es personal. Hay ventajas y desventajas a considerar, y la mejor opción para usted dependerá de sus necesidades y objetivos específicos.

Aquí hay algunas cosas adicionales a considerar al decidir si pedirle o no a una IA que escriba un libro para usted:

El tipo de libro que desea escribir: algunos tipos de libros se adaptan más al texto generado por IA que otros. Por ejemplo, el texto generado por IA puede ser una buena opción para libros de no ficción o para libros que requieren mucha investigación. Sin embargo, el texto generado por IA puede no ser una buena opción para libros de ficción o libros que requieren mucha creatividad.

Su presupuesto: producir texto generado por IA puede resultar costoso. Si tiene un presupuesto ajustado, es posible que desee considerar otras opciones, como contratar a un escritor humano o publicar su libro usted mismo.

Tus preferencias personales: algunas personas prefieren el

toque humano de un escritor humano, mientras que otras se sienten más cómodas con el texto generado por IA. En última instancia, la decisión de pedirle o no a una IA que le escriba un libro es personal.

Velocidad: la IA puede escribir un

libro mucho más rápido que un escritor humano. Esto puede ser una gran ventaja si tienes un plazo ajustado o si necesitas producir un gran volumen de contenido.

Precisión: la IA puede ser muy precisa en su escritura. Esto se debe a que está entrenado en grandes conjuntos de datos de texto y código, lo que le permite aprender los patrones del lenguaje humano.

Originalidad: la IA puede generar contenido original que no esté plagiado. Esto se debe a que no está limitado por las mismas limitaciones que los escritores humanos.

Creatividad: la IA puede ser creativa en su escritura. Esto se debe a que puede generar nuevas ideas y conceptos que los escritores humanos quizás no hayan considerado.

Desventajas:

Falta de toque humano: el texto generado por IA a veces puede carecer del toque humano que hace que la escritura sea atractiva e interesante. Esto se debe a que la IA no es capaz de comprender los matices del lenguaje y la cultura humanos de la misma manera que puede hacerlo un escritor humano.

Sesgo: la IA puede estar sesgada en su

redacción. Esto se debe a que está entrenado en conjuntos de datos que pueden contener sesgos. Por ejemplo, si una IA se entrena con un conjunto de datos de texto escrito principalmente por hombres, es más probable que genere texto sesgado hacia los hombres.

producir texto generado por IA puede resultar costoso . Esto se debe a que requiere el uso de computadoras potentes y software especializado.

En última instancia, la decisión de pedirle o no a una IA que le escriba un libro es personal. Hay ventajas y desventajas a considerar, y la mejor opción para usted dependerá de sus necesidades y objetivos específicos.

Aquí hay algunas cosas adicionales a considerar al decidir si pedirle o no a una IA que escriba un libro para usted:

El tipo de libro que desea escribir: algunos tipos de

libros se adaptan más al texto generado por IA que otros. Por ejemplo, el texto generado por IA puede ser una buena opción para libros de no ficción o para libros que requieren mucha investigación. Sin embargo, el texto generado por IA puede no ser una buena opción para libros de ficción o libros que requieren mucha creatividad.

Su presupuesto: producir texto generado por IA puede resultar costoso. Si tiene un presupuesto ajustado, es posible que desee considerar otras opciones, como contratar a un escritor humano o publicar su libro usted mismo.

Tus preferencias personales: algunas personas prefieren el toque humano de un escritor humano, mientras que otras se sienten más cómodas con el texto generado por IA. En última instancia, la decisión de pedirle o no a una IA que le escriba un libro es personal.

¿QUÉ HACER DESPUÉS DE UTILIZAR LA INTELIGENCIA ARTIFICIAL?

Hay muchas aportaciones que un autor puede hacer desde un ángulo humano después de que la inteligencia artificial haya escrito un libro para él.

Estas son algunas de las aportaciones que un autor puede realizar:

Proporcionar comentarios sobre el contenido: el autor puede proporcionar comentarios sobre el contenido del libro, incluida la trama, los personajes y el diálogo.

Agregue sus propios conocimientos: el autor puede agregar sus propios conocimientos y experiencias al libro, lo que puede ayudar a hacerlo más atractivo e identificable para los lectores.

Personalice el libro:
el autor puede
personalizar el libro
agregando su propia
voz y perspectiva.
Esto se puede hacer
agregando anécdotas
personales,
referencias a su
propia vida o
escribiendo en un
estilo que sea
consistente con su
propio estilo de

escritura.

Edite y revise el libro:
el autor puede editar
y revisar el libro para
asegurarse de que
esté bien escrito y sin
errores.

Comercializar y promocionar el libro: el autor puede comercializar y promocionar el libro para ayudarlo a llegar a una audiencia más amplia.

En general, hay muchas maneras en que un autor puede agregar su propio toque humano a un libro escrito por inteligencia artificial. Al brindar comentarios, agregar sus propios conocimientos, personalizar el libro, editarlo y revisarlo, comercializarlo y promocionarlo, el autor puede ayudar a crear un libro que sea a la vez atractivo e informativo.

A continuación se ofrecen algunos consejos adicionales para autores que trabajan con inteligencia artificial para escribir un libro:

Sea claro acerca de sus objetivos y expectativas: antes de comenzar a trabajar con inteligencia artificial, es importante tener claros sus objetivos y expectativas para el libro. ¿Qué tipo de libro quieres escribir? ¿Cuáles son su público objetivo y sus objetivos para el libro? Una vez que sepas lo que quieres lograr, puedes comenzar a trabajar con inteligencia artificial para crear un libro que satisfaga tus necesidades.

Esté abierto a la retroalimentación: la inteligencia artificial puede ser una gran herramienta para generar ideas y contenido, pero es importante estar abierto a la retroalimentación de escritores humanos. Los escritores humanos pueden ayudar a identificar áreas donde el texto generado por IA necesita mejorar y también pueden ayudar a que el libro sea más atractivo y fácil de identificar para los lectores.

Tenga paciencia: escribir un libro es un proceso largo y desafiante, incluso con la ayuda de la inteligencia artificial. Es importante tener paciencia y darse tiempo para trabajar en el libro. Con tiempo y esfuerzo, puedes crear un libro que sea a la vez

atractivo e
informativo.

CURSO 3
¿LA MEJOR
MANERA DE
ESCRIBIR UN
LIBRO?

No existe una
respuesta única para
esta pregunta, ya que
la mejor manera de
escribir un libro
variará según el
proceso de escritura y
las preferencias
individuales del
autor. Sin embargo,
existen algunos
consejos generales
que pueden ayudar a
los autores a escribir

un libro de forma
eficaz.

Estas son algunas de
las mejores formas de
escribir un libro:

Elige un tema que te apasione. Escribir un libro supone mucho trabajo, por eso es importante elegir un tema que te apasione. Esto hará que el proceso de escritura sea más agradable y será más probable que lo persigas hasta el final.

Haz tu investigación. Una vez que haya elegido un tema, es importante investigar. Esto le ayudará a recopilar información e ideas para su libro. Puede investigar leyendo libros, artículos y sitios web, o entrevistando a personas que tengan

conocimientos sobre
su tema.

Describe tu libro. Un esquema puede ayudarle a organizar sus pensamientos e ideas antes de comenzar a escribir. También puede ayudarle a mantener el rumbo mientras escribe su libro. Hay muchas formas diferentes de delinear un libro, así que busque un método

que funcione para
usted.

¡Empieza a escribir! Una vez que haya investigado y haya esbozado su libro, es hora de comenzar a escribir. La mejor manera de empezar es simplemente sentarse y empezar a escribir. **No te preocupes** por hacerlo perfecto al principio, simplemente escribe tus pensamientos en un papel. Siempre puedes regresar y editar más tarde.

Establecer metas realistas. Escribir un libro puede ser una tarea desalentadora, por lo que es importante fijarse objetivos realistas . No intentes escribir todo el libro de una sola vez. En su lugar, fíjese pequeñas metas, como escribir 500 palabras al día.

Tomar descansos. Escribir puede suponer mucho trabajo, por eso es importante tomar descansos. Levántese y muévase, o tómese unos minutos para relajarse y aclarar su mente. Esto le ayudará a mantenerse concentrado y productivo.

Obtenga comentarios. Una vez que haya escrito un borrador de su libro, será útil recibir comentarios de los demás. Esto puede ayudarle a identificar cualquier área que necesite mejorar. Puede recibir comentarios de amigos, familiares o lectores beta.

Editar y revisar. Una vez que haya recibido comentarios sobre su libro, es hora de editarlo y revisarlo. Aquí es donde pulirás tu escritura y te asegurarás de que tu libro sea lo mejor posible.

Publica tu libro. Una vez que esté satisfecho con su libro, es hora de publicarlo. Hay muchas formas diferentes de publicar un libro, así que busque un método que funcione para usted.

Seguir estos consejos puede ayudarle a escribir un libro que sea informativo y agradable de leer.

Aquí hay algunos consejos adicionales que pueden resultarle útiles:

Encuentra una comunidad de escritores. Hay muchas comunidades de escritura en línea y fuera de línea que pueden brindar apoyo y aliento. Unirse a una comunidad de escritores puede ayudarle a mantenerse motivado y aprender de otros escritores.

No te rindas. Escribir un libro supone mucho trabajo, pero también es muy gratificante. No renuncies a tu sueño de escribir un libro. Sigue escribiendo y eventualmente alcanzarás tu objetivo.

¿CÓMO MANEJAR EL BLOQUEO DEL ESCRITOR?

El bloqueo del escritor es un problema común que puede afectar a cualquier persona que escribe. Puede resultar frustrante y desalentador, pero hay formas de evitarlo y manejarlo.

A continuación se ofrecen algunos consejos sobre cómo

evitar el bloqueo del escritor:

Reserva tiempo para escribir con regularidad. Incluso si no tienes ganas de escribir, intenta reservar algo de tiempo cada día para escribir. Esto le ayudará a mantener el hábito de escribir y reducirá la probabilidad de que lo bloqueen.

Escritura libre. La escritura libre es una excelente manera de hacer fluir sus pensamientos y evitar quedarse estancado en una idea en particular. Simplemente empieza a escribir lo que se te ocurra, sin preocuparte por la

gramática ni la ortografía.
Idea genial. La lluvia de ideas es otra excelente manera de hacer fluir tu creatividad. Anota cualquier idea que se te ocurra, por muy loca que parezca. Siempre puedes volver y editarlos más tarde.

Leer. La lectura
puede ayudarte a
inspirarte y aprender
nuevas técnicas de
escritura. Lea libros,
artículos y
publicaciones de
blogs relacionados
con el tema de su
escritura.
Tomar descansos. Si
te quedas estancado,
tómate un descanso
de la escritura. Sal a

caminar, escucha música o haz otra cosa que disfrutes. A veces, la mejor manera de desbloquearse es simplemente dar un paso atrás.

A continuación se ofrecen algunos consejos sobre cómo manejar el bloqueo del escritor:

No entrar en pánico. El bloqueo del escritor es un problema común y no significa que seas un mal escritor. Simplemente relájate y respira profundamente. Cambia tu entorno. Si se siente estancado, intente cambiar su entorno. Vaya a un lugar diferente para escribir o intente escribir a una hora diferente del día. Escribe sobre otra cosa. Si realmente estás atrapado en una idea en particular, intenta escribir sobre otra cosa. A veces, escribir sobre otra cosa puede ayudarte a que tu creatividad vuelva a fluir.

Habla con alguien. Si realmente tienes dificultades, habla con alguien al respecto. Un amigo, un familiar o un asesor de redacción puede ofrecerle apoyo y consejo.

Recuerde, el bloqueo del escritor es temporal. Sigue escribiendo y eventualmente te desbloquearán.

¿CÓMO ESCRIBIR UN GUIÓN DE PELÍCULA?

Hay muchos pasos a seguir para escribir un guión cinematográfico, pero a continuación se ofrecen algunos consejos básicos:

Comience con un
concepto sólido.
¿Cuál es la idea
básica de tu película?
¿Cuál es la historia
que quieres contar?
Una vez que tengas
un concepto sólido,
puedes comenzar a
desarrollar los
personajes, la trama y
el escenario.

Crea personajes bien desarrollados. Tus personajes son el corazón de tu película, por lo que es importante crear personajes que sean creíbles y con los que puedas identificarte. Bríndeles historias de fondo, motivaciones y personalidades que les hagan cobrar vida en la página.

Elabora una trama convincente. La trama es la columna vertebral de tu película, por lo que es importante crear una trama que sea emocionante y atractiva. La trama debe tener un comienzo, un desarrollo y un final claros, y debe incluir conflicto, suspenso y resolución.

Escribe diálogos creíbles. El diálogo es uno de los aspectos más importantes de cualquier guión cinematográfico, por lo que es importante escribir diálogos que sean naturales y creíbles. El diálogo debe ayudar a hacer avanzar la trama y revelar las motivaciones de los personajes. Formatee su guión correctamente. Existen pautas de formato específicas que debes seguir al escribir el guión de una película. Estas pautas variarán según el formato que esté utilizando, pero es importante seguirlas cuidadosamente para que su guión sea fácil de leer y comprender. Obtenga comentarios de los demás. Una vez que tengas un borrador de tu guión, es importante recibir comentarios de los demás. Esto le ayudará a identificar cualquier área que necesite mejorar.

Revisa y edita tu guión. Una vez que haya recibido comentarios, deberá revisar y editar su guión. Este es un paso importante, ya que le ayudará a mejorar la calidad general de su guión.

A continuación se ofrecen algunos consejos adicionales

para escribir un guión cinematográfico:

Leer otros guiones de películas. Una de las mejores formas de aprender a escribir un guión cinematográfico es leer otros guiones cinematográficos. Esto le permitirá comprender bien el formato y la estructura de un guión cinematográfico. Ver películas. Otra excelente manera de aprender a escribir un guión cinematográfico es mirar películas. Presta atención a la forma en que se cuenta la historia, se desarrollan los personajes y se escribe el diálogo. Toma una clase de escritura de guiones. Si realmente quieres escribir un guión cinematográfico, es posible que desees tomar una clase de escritura de guiones. Esto le dará la oportunidad de aprender de guionistas experimentados y obtener comentarios sobre su trabajo.

Escribir un guión cinematográfico puede suponer mucho trabajo, pero también puede ser muy divertido. Si estás dispuesto a esforzarte, podrás crear un guión cinematográfico que será un éxito.

Curso 3:

CURSO 4

CONSTRUCCIÓN MUNDIAL

PRESTE ATENCIÓN A LO SIGUIENTE:

1. PÚBLICO OBJETIVO
2. NICHO
3. GÉNERO
4. PALABRAS CLAVE

14. ETC.

CURSO 5

AUTOEDICIÓN

5.1. APLICACIONES DE EDICIÓN

Hay muchas aplicaciones de edición disponibles, pero estas son algunas de las más populares y mejor consideradas:

Adobe Premiere Pro: esta es una aplicación de edición de video de nivel profesional que utilizan muchos estudios de Hollywood. Es una aplicación potente que ofrece una amplia gama de funciones, pero puede resultar bastante compleja de aprender.

Final Cut Pro X: esta es una aplicación de edición de video popular para usuarios de Mac. Es conocido por su interfaz intuitiva y potentes funciones.

DaVinci Resolve: esta es una aplicación de edición de video gratuita y de código abierto que se está volviendo cada vez más popular. Ofrece una amplia gama de funciones y se actualiza constantemente con nuevas funciones.

Lightworks : esta es una aplicación de edición de video de nivel profesional conocida por su estabilidad y facilidad de uso. Es una buena opción para usuarios que buscan una aplicación potente y fácil de aprender.

HitFilm Express: esta es una aplicación de edición de video gratuita que ofrece una amplia gama de funciones. Es una buena opción para los usuarios que buscan una aplicación potente sin un precio elevado.

Estas son sólo algunas de las muchas aplicaciones de edición disponibles. La mejor aplicación para ti dependerá de tus necesidades y preferencias específicas.

Si eres principiante, te recomiendo comenzar con una aplicación más sencilla como Lightworks o HitFilm Express. Una vez que haya aprendido los conceptos básicos, puede pasar a una aplicación más

compleja como
Adobe Premiere Pro
o Final Cut Pro X.

Aquí hay algunos
factores adicionales a
considerar al elegir
una aplicación de
edición:

Tu presupuesto:
algunas aplicaciones
de edición son
gratuitas, mientras

que otras pueden ser bastante caras.

Tu sistema operativo: algunas aplicaciones de edición solo están disponibles para Windows, mientras que otras solo están disponibles para Mac.

Tu nivel de experiencia: si eres principiante,

necesitarás una aplicación que sea fácil de aprender. Si tiene más experiencia, es posible que desee una aplicación con más funciones.

El tipo de proyectos en los que quieres trabajar: algunas aplicaciones de edición son más adecuadas para ciertos tipos de proyectos que otras. Por ejemplo, si desea editar videos, necesitará una aplicación diseñada para editar videos.

CURSO 6

PUBLICACIÓN

EDICIONES
TRADICIONALES
PUBLICACIONES
INDEPENDIENTE
PUBLICACIÓN
AMPLIA

IMPRIME A SOLICITUD

PALABRAS CLAVE Y CATEGORÍAS EN PUBLICACIÓN

Las palabras clave y las categorías son importantes en la publicación porque ayudan a los lectores a encontrar su trabajo. Cuando alguien busca una palabra clave o categoría, su trabajo aparecerá en los resultados de búsqueda si tiene esas palabras clave o categorías. Esto significa que es más probable que los lectores potenciales lo encuentren.

A continuación se detallan algunas de la importancia de las palabras clave y las categorías en la publicación:

Ayude a los lectores a encontrar su trabajo: cuando alguien busca una palabra clave o categoría, su trabajo aparecerá en los resultados de búsqueda si tiene esas palabras clave o categorías. Esto significa que es más probable que los lectores potenciales lo encuentren. Mejore su visibilidad: las palabras clave y las categorías pueden ayudar a mejorar su visibilidad en motores de búsqueda y otras plataformas.

Esto significa que es más probable que tu trabajo sea visto por personas interesadas en los temas sobre los que escribes.

Aumente su número de lectores: al utilizar las palabras clave y categorías adecuadas, puede aumentar su número de lectores y llegar a una audiencia más amplia. Esto puede generar más ventas, descargas y otros beneficios. Ayudarle a dirigirse a su audiencia: las palabras clave y las categorías pueden ayudarle a dirigirse a su audiencia. Esto significa que puede centrar sus esfuerzos de marketing en las personas que tienen más probabilidades

de estar interesadas
en su trabajo.

A continuación se
ofrecen algunos
consejos para elegir
las palabras clave y
categorías adecuadas
para su trabajo:

Piensa en tu
audiencia: ¿para
quién escribes?
¿Cuáles son sus

intereses? ¿Qué palabras clave es probable que utilicen al buscar información? Investigue: utilice una herramienta de investigación de palabras clave para encontrar las palabras clave más populares para su tema.

Utilice una variedad de palabras clave: no utilice sólo una o dos palabras clave. Utilice una variedad de palabras clave para mejorar sus posibilidades de ser encontrado. Utilice categorías relevantes: elija categorías que sean relevantes para su tema. Esto ayudará a mejorar su capacidad de descubrimiento. Actualice sus palabras clave y categorías con regularidad: a medida que su trabajo evoluciona, también deberían hacerlo sus palabras clave y categorías. Asegúrese de actualizarlos periódicamente para mantener su trabajo actualizado.

Si sigue estos consejos, podrá elegir las palabras clave y categorías adecuadas para su trabajo y mejorar sus posibilidades de ser encontrado por lectores potenciales.

CÓMO ADAPTAR UN CURSO O RESERVA A UNA PELÍCULA

Adaptar un curso a una obra de teatro o una película puede ser una excelente manera de involucrar a los estudiantes y hacer que el material sea más memorable. A continuación se ofrecen algunos consejos sobre cómo hacerlo:

Comience por identificar los temas y conceptos clave del curso. ¿Cuáles son las cosas más importantes que desea que los estudiantes aprendan? Una vez que haya identificado los temas clave, puede empezar a pensar en cómo dramatizarlos. Considere el formato de la obra o película. ¿Será una obra de teatro tradicional, una película o algo más? El formato afectará la forma en que adaptes el material. Por ejemplo, una película te permitirá mostrar más acción y detalles visuales que una obra de teatro tradicional. Piensa en los personajes. ¿Quiénes son los personajes más importantes del curso? ¿Cómo puedes darles vida en la obra o película? Los personajes deben ser identificables y atractivos para la audiencia. Desarrolla la trama. ¿Cómo estructurarás la obra o la película? La trama debe ser apasionante y atractiva, pero también debe ser fiel al material del curso. Escribe el diálogo. El diálogo es uno de los aspectos más importantes de cualquier obra de teatro o película. Debe ser natural y creíble, y debe ayudar a hacer avanzar la trama.

Dirigir la obra o película. Una vez que hayas escrito el guión, deberás dirigir la obra o película. Esto implica elegir actores, bloquear escenas y ensayar la obra o película.

Adaptar un curso a una obra de teatro o una película puede suponer mucho trabajo, pero también puede resultar muy divertido. Si está dispuesto a esforzarse, puede crear una obra de teatro o una película que atraiga a los estudiantes y haga que el material sea más memorable.

A continuación se ofrecen algunos consejos adicionales para adaptar un curso a una obra de teatro o película:

Utilice el entorno para crear atmósfera

y estado de ánimo. La ambientación de una obra de teatro o una película puede ayudar a crear una determinada atmósfera o estado de ánimo. Por ejemplo, si estás adaptando un curso de terror, puedes ambientar la obra o la película en una casa oscura y espeluznante.

Utilice accesorios y disfraces para crear interés visual. Los accesorios y el vestuario pueden ayudar a dar vida a los personajes y al escenario. Por ejemplo, si estás adaptando un curso de historia, puedes usar trajes de época para ayudar a la audiencia a sentirse

como si estuvieran en
el pasado.
Utilice música y
efectos de sonido
para realzar el drama.
La música y los
efectos de sonido
pueden ayudar a
crear suspenso,
emoción u otras
emociones. Por
ejemplo, si está
adaptando un curso
de acción, puede

utilizar efectos de sonido fuertes para crear una sensación de emoción.

Espero que estos consejos te ayuden a adaptar tu curso a una obra de teatro o película.

CURSO 7

MÁRKETING Y PROMOCIÓN

¡Felicitaciones por terminar tu libro! Comercializar su libro puede ser una tarea desalentadora, pero es importante recordar que no está solo. Hay muchos recursos disponibles para ayudarle a promocionar su libro y, con un poco de planificación y esfuerzo, puede llegar a su público objetivo y vender su libro.

Estos son algunos de mis mejores consejos para un nuevo autor

que quiera
comercializar su
libro:

Comenzar temprano.
El mejor momento
para empezar a
comercializar su libro
es incluso antes de su
publicación. Esto le
dará tiempo para
generar entusiasmo y
entusiasmo sobre su

libro y para llegar a
lectores potenciales.
Crea un sólido plan
de marketing. Su plan
de marketing debe
incluir un mensaje
claro sobre su libro,
un público objetivo y
un cronograma para
la promoción.
También debes
identificar los
mejores canales para

llegar a tu público objetivo.
Promocione su libro en línea. Hay muchas formas de promocionar su libro en línea, como las redes sociales, el marketing por correo electrónico y los blogs invitados. También debes crear un sitio web para tu libro y asegurarte de que

esté optimizado para los motores de búsqueda.

Organizar eventos. Organizar eventos es una excelente manera de conectarse con lectores potenciales y generar entusiasmo por su libro. Puede albergar firmas de libros, lecturas o conferencias.

Obtenga cobertura mediática. Obtener cobertura mediática para su libro puede ayudarlo a llegar a una audiencia más amplia. Puede ponerse en contacto con periodistas y blogueros para ver si estarían interesados en escribir sobre su libro.

Pide ayuda a tu red. Informe a sus amigos, familiares y colegas sobre su libro y pídales que lo ayuden a correr la voz. Pueden compartir su libro en las redes sociales, recomendarlo a sus amigos y comprar copias del libro para ellos mismos.

Ser paciente.
Comercializar su
libro requiere tiempo
y esfuerzo. No espere
ver resultados de la
noche a la mañana.
Continúe así y
eventualmente
comenzará a ver que
su libro gana terreno.

Aquí hay algunos
consejos adicionales

que pueden resultarle útiles:

No existe una respuesta única para esta pregunta, ya que la mejor manera de lanzar un libro variará según el libro en sí, los objetivos del autor y el público objetivo. Sin embargo, existen algunos consejos generales que pueden ayudar a los autores a lanzar sus libros con éxito.

¿LA MEJOR MANERA DE LANZAR UN LIBRO?

Estas son algunas de las mejores formas de lanzar un libro:

Comenzar temprano. La mejor manera de

lanzar un libro es empezar a planificarlo con antelación. Esto le dará tiempo para generar entusiasmo por el libro, llegar a lectores potenciales y asegurar la cobertura de los medios.

Crea un sólido plan de marketing. Su plan de marketing debe incluir un mensaje claro sobre el libro, un público objetivo y un cronograma para la promoción. También debes identificar los mejores canales para llegar a tu público objetivo.

Promocione su libro en línea. Hay muchas formas de promocionar su libro en línea, como las redes sociales, el marketing por correo electrónico y los blogs invitados. También debes crear un sitio web para tu libro y asegurarte de que esté optimizado para los motores de búsqueda.

Organizar eventos. Organizar eventos es una excelente manera de conectarse con lectores potenciales y generar entusiasmo por su libro. Puede albergar firmas de libros, lecturas o conferencias. Obtenga cobertura mediática. Obtener cobertura mediática para su libro puede ayudarlo a llegar a una audiencia más amplia. Puede ponerse en contacto con periodistas y blogueros para ver si estarían interesados en escribir sobre su libro.

Pide ayuda a tu red. Informe a sus amigos, familiares y colegas sobre su libro y pídales que lo ayuden a correr la voz. Pueden compartir su libro en las redes sociales, recomendarlo a sus amigos y comprar copias del libro para ellos mismos.

Si sigue estos consejos, podrá aumentar sus posibilidades de lanzar su libro con éxito.

Aquí hay algunos consejos adicionales que pueden resultarle útiles:

Crea expectación. Empiece a generar entusiasmo sobre su libro incluso antes de su lanzamiento. Puede hacerlo compartiendo extractos del libro, escribiendo publicaciones de blog sobre él o concediendo entrevistas. Personaliza tu promoción. Adapte sus esfuerzos de marketing a su público objetivo. En qué están interesados? ¿Cuáles son sus puntos débiles? ¿Qué les hará querer leer tu libro?

Se consistente. No promociones tu libro sólo una vez y luego te olvides de él. Mantenga el impulso compartiendo actualizaciones en las redes sociales, escribiendo publicaciones en blogs y concediendo entrevistas.

¡Divertirse! Lanzar un libro requiere mucho trabajo, pero también debe ser divertido. Así que relájate, disfruta el proceso y celebra el éxito de tu libro.

¡Espero que esto ayude!

¿QUÉ ES UNA GIRA NACIONAL DEL LIBRO?

Una gira nacional de libros es una serie de eventos en los que un autor viaja a diferentes ciudades y pueblos para promocionar su libro. Estos eventos pueden incluir firmas de libros, lecturas, conferencias y entrevistas. El objetivo de una gira nacional del libro es dar a conocer el libro y generar ventas.

Las ventas especiales son un tipo de promoción que suelen ofrecer las librerías u otros minoristas. Estas ventas pueden adoptar muchas formas, como descuentos, cupones o obsequios. El objetivo de las ventas especiales es atraer nuevos clientes y animar a los clientes existentes a comprar más libros.

La principal diferencia entre una gira nacional de

libros y las ventas especiales es que una gira nacional de libros es una forma más personal e interactiva de promocionar un libro. Cuando un autor viaja a una ciudad para firmar un libro, tiene la oportunidad de conocer e interactuar con sus fans. Esto puede ayudar a establecer relaciones con los lectores y crear una sensación de entusiasmo por el libro.

Las ventas especiales, por otro lado, son una forma más impersonal de promocionar un libro. No ofrecen la misma oportunidad para que los autores se conecten con los lectores. Sin embargo, las ventas especiales pueden ser una forma muy eficaz de generar ventas, especialmente si están bien promocionadas.

A continuación se muestra una tabla que resume las

diferencias clave entre las giras nacionales de libros y las ventas especiales: Característica   Gira Nacional del LibroVentas Especiales Propósito   Promocionar un libroGenerar ventas Formato Serie de eventos en diferentes ciudadesDescuentos, cupones, obsequios. Personalización

Personal e interactivaImpersonal

Eficacia Depende de la popularidad del autor y de la calidad del libro. Puede ser muy eficaz si se promociona bien.

¡Espero que esto ayude!

CÓMO ORGANIZAR UN EVENTO DE FIRMA DE LIBROS Y EN QUÉ SE DIFERENCIA DE UN LANZAMIENTO DE LIBRO

A continuación se ofrecen algunos consejos sobre cómo

organizar un evento
de firma de libros:

Elige un lugar. Puede
realizar la firma de
libros en una librería,
biblioteca, cafetería u
otro espacio público.
Si realiza su evento
en una librería,
deberá trabajar con la
tienda para obtener
permiso y asegurar
un espacio.

Promocionar el evento. Informe a la gente sobre su evento de firma de libros a través de su sitio web, redes sociales y lista de correo electrónico. También puede comunicarse con los medios de comunicación locales para ver si estarían interesados en cubrir el evento.

Tenga muchos libros a mano. Asegúrese de tener suficientes libros para todos los que quieran que les firmen sus libros. También puedes vender libros en el evento, así que asegúrate de tener a mano una caja registradora o un cajero automático para tarjetas de crédito.

Prepare una mesa y sillas para que el autor firme los libros. También es posible que desees tener una mesa para que la gente deje sus libros para que los firmen antes o después del evento.

a mano algunos materiales

promocionales . Esto podría incluir marcadores, folletos o carteles sobre su libro. También puedes regalar copias gratuitas de tu libro a los asistentes.

Tenga un plan para el control de multitudes. Si espera una gran multitud, necesitará tener un plan para mantener a

la gente en orden.
Esto podría incluir
tener a alguien en la
puerta para revisar
los boletos o tener un
sistema de fila
implementado.
Esté preparado para
responder preguntas
sobre su libro. Es
probable que la gente
tenga preguntas
sobre su libro, así que
prepárese para

responderlas. También podrás tener una sesión de preguntas y respuestas al final del evento.

¡Divertirse! Los eventos de firma de libros deben ser divertidos tanto para el autor como para los asistentes. Así que relájate, diviértete y conoce gente nueva.

Estas son algunas de las diferencias clave entre un evento de firma de libros y el lanzamiento de un libro:

Público: un evento de firma de libros suele estar dirigido a los fanáticos del autor o del libro, mientras que el lanzamiento de un libro suele estar dirigido a un público más amplio, como los medios de comunicación, los profesionales de la industria y los lectores potenciales. Contenido: un evento de firma de libros generalmente se centra en que el autor firme libros para los fanáticos, mientras que el lanzamiento de un libro puede incluir un discurso del autor, una sesión de preguntas y respuestas u otras actividades. Promoción: un evento de firma de libros generalmente se promociona entre los fanáticos y seguidores del autor, mientras que el lanzamiento de un libro generalmente se promueve entre un público más amplio.

¡Espero que esto ayude!

¿QUÉ ES UNA SESIÓN DE AUTÓGRAFÍA DE LIBROS?

Un autógrafo de libro es la firma de un

autor en un libro. Suele ir acompañado de un mensaje personal o una dedicatoria. Los coleccionistas suelen buscar autógrafos de libros, ya que pueden ser un recuerdo valioso de un libro o autor favorito.

Hay algunas formas diferentes de

conseguir un libro autografiado. Una forma es asistir a un evento de firma de libros, donde el autor firmará libros para los fanáticos. Otra forma es contactar directamente al autor y pedirle que le firme un libro. A veces también puedes encontrar libros

firmados en librerías
o en línea.

Al conseguir un libro
autografiado, hay
algunas cosas a tener
en cuenta. Primero,
asegúrese de tener un
libro que haya escrito
el autor. En segundo
lugar, elija una
página en blanco del
libro para firmar. En
tercer lugar, sea

respetuoso con el tiempo y el espacio del autor. Finalmente, asegúrese de agradecer al autor por su tiempo y su autógrafo.

A continuación se ofrecen algunos consejos para conseguir un libro autografiado:

Lleve el libro al evento con anticipación para no tener que hacer cola. Sea cortés y respetuoso con el autor.
Pide un mensaje personal o dedicatoria.
Agradezca al autor por su tiempo.

Aquí hay algunas
cosas que se deben
evitar al obtener un
libro autografiado:

No traigas un libro
dañado o sucio.
No le pidas al autor
que firme un libro
que no ha escrito.
No pidas al autor que
firme un libro que ya
está firmado.

No seas insistente ni exigente.

¿CÓMO PUEDO ANUNCIAR EFECTIVAMENTE EN AMAZON.COM?

Hay muchas formas de anunciarse eficazmente en Amazon.com. Estos son algunos de los

métodos más
efectivos:

Productos patrocinados por Amazon: este es un programa de publicidad de pago por clic (PPC) que le permite mostrar sus productos en las páginas de resultados de búsqueda de Amazon. Cuando un comprador busca un producto similar al suyo, su anuncio puede aparecer en la parte superior de la página de resultados de búsqueda. Anuncios de visualización de productos de Amazon: son anuncios gráficos que aparecen en las páginas de detalles del producto y en los resultados de búsqueda de productos. Son una buena manera de promocionar sus productos entre compradores que ya están interesados en lo que usted tiene para ofrecer. Anuncios de búsqueda de títulos de Amazon: son anuncios de texto que aparecen en la parte superior de las páginas de resultados de búsqueda de Amazon. Son una buena forma de promocionar sus productos entre los compradores que buscan palabras clave específicas.

Anuncios de video de Amazon: son

anuncios de video que aparecen en el sitio web y la aplicación móvil de Amazon. Son una buena forma de promocionar sus productos entre los compradores que buscan contenido atractivo e informativo.

Amazon Display & Video Creative

Studio: esta es una herramienta de autoservicio que le permite crear y administrar sus propios anuncios de Amazon. Es una buena opción para empresas que quieran tener más control sobre sus campañas publicitarias.

Al crear sus anuncios de Amazon, es importante tener en cuenta lo siguiente:

Dirija sus anuncios al público adecuado: asegúrese de que sus anuncios se muestren a personas que probablemente estén interesadas en sus productos. Puede hacerlo segmentando

sus anuncios según palabras clave, datos demográficos e intereses.
Utilice un texto publicitario claro y conciso: el texto de su anuncio debe ser claro y conciso, y debe resaltar los beneficios de sus productos.
Utilice imágenes y vídeos de alta

calidad: sus imágenes y vídeos deben ser de alta calidad y relevantes para sus productos.
Realice un seguimiento de sus resultados: es importante realizar un seguimiento de los resultados de sus anuncios de Amazon para que pueda ver qué funciona y qué

no. Esto le ayudará a optimizar sus campañas y aprovechar al máximo su presupuesto publicitario.

Si sigue estos consejos, podrá anunciarse eficazmente en Amazon.com y llegar a su público objetivo.

USO DE LAS TRADUCCIONES COMO HERRAMIENTAS DE MARKETING

Traducir sus libros a otros idiomas tiene muchas ventajas. Éstos son algunos de ellos:

Llegue a una audiencia más amplia: traducir sus libros a otros idiomas le permite llegar a una audiencia más amplia de lectores potenciales. Esto puede generar mayores ventas y regalías.

Aumente su visibilidad: cuando sus libros se

traduzcan a otros idiomas, serán más visibles para los lectores de todo el mundo. Esto puede ayudarle a construir su marca de autor y atraer nuevos lectores.

Expande tu mercado: Traducir tus libros a otros idiomas puede ayudarte a expandir tu mercado y alcanzar nuevos canales de venta. Por ejemplo, es posible que pueda vender sus libros traducidos a través de minoristas internacionales o clubes de lectura en idiomas extranjeros. Expongase a nuevas culturas: traducir sus libros a otros idiomas puede ayudarlo a exponerse a nuevas culturas. Esta puede ser una experiencia valiosa para usted como autor y también puede ayudarlo a conectarse con lectores de otras culturas.

Promocione sus libros: traducir sus libros a otros idiomas puede ayudarle a promocionarlos en nuevos mercados.

Puede hacerlo asistiendo a ferias y festivales del libro, concediendo entrevistas a medios extranjeros y promocionando sus libros a través de las redes sociales y otros canales en línea.

Si estás pensando en traducir tus libros a otros idiomas, hay algunas cosas que debes tener en cuenta. Primero, debe asegurarse de que sus libros estén bien escritos y sean de alta calidad. También debe asegurarse de encontrar una agencia de traducción acreditada que pueda traducir sus libros de manera precisa y profesional.

Traducir sus libros a otros idiomas puede ser una excelente manera de llegar a un público más amplio, aumentar su visibilidad y expandir su mercado. Si te tomas en serio tu carrera como escritor, es algo a considerar.

COMPETIDORES/ALTERNATIVAS DE AMAZON

Aquí hay 10 editores independientes alternativos a Amazon:

Barnes & Noble Press: es una

editorial tradicional que ofrece una amplia gama de servicios, que incluyen edición, marketing y distribución.

CreateSpace : Es una plataforma de autoedición que permite a los autores publicar y vender sus libros a través de Amazon.

IngramSpark : es una editorial de impresión bajo demanda (POD) que permite a los autores publicar y vender sus libros a través de una variedad de minoristas, incluido Amazon.
Lulu: es una editorial POD que permite a los autores publicar y vender sus libros en

una variedad de formatos, incluidos impresos, libros electrónicos y audiolibros.

Pear Press: Es una editorial tradicional que se enfoca en la publicación de libros para niños y jóvenes.

Prometheus Books: es una editorial sin fines de lucro que publica libros sobre

una variedad de temas, incluidos ciencia, filosofía y política.
Small Press Distribution: Es una distribuidora que trabaja con editoriales independientes para hacer llegar sus libros a librerías y bibliotecas.

Smashwords : es una editorial POD que permite a los autores publicar y vender sus libros electrónicos a través de una variedad de minoristas, incluido Amazon.

Unbound Books: es una editorial financiada mediante crowdfunding que permite a los autores recaudar dinero para publicar sus libros.

WordPress : Es un sistema de gestión de contenidos que permite a los autores crear y publicar sus propios sitios web.

Estos son sólo algunos de los muchos editores independientes disponibles. Al elegir un editor, es importante considerar sus necesidades y objetivos. ¿Quieres trabajar con una editorial tradicional que ofrezca más servicios o quieres autoeditar y tener más control sobre el proceso? ¿Quieres publicar en forma impresa o en libros electrónicos? Una vez que haya considerado sus necesidades, puede comenzar a buscar editores para encontrar el que mejor se adapte a sus necesidades.

¿CÓMO PUEDO ANUNCIAR EFECTIVAMENTE EN AMAZON.COM?

Hay muchas formas de anunciarse eficazmente en Amazon.com. Estos son algunos de los métodos más efectivos:

Productos patrocinados por Amazon: este es un programa de publicidad de pago por clic (PPC) que le permite mostrar sus productos en las páginas de resultados de búsqueda de Amazon. Cuando un comprador busca un producto similar al suyo, su anuncio puede aparecer en la parte superior de la página de resultados de búsqueda. Anuncios de visualización de

productos de
Amazon: son
anuncios gráficos que
aparecen en las
páginas de detalles
del producto y en los
resultados de
búsqueda de
productos. Son una
buena manera de
promocionar sus
productos entre
compradores que ya
están interesados en

lo que usted tiene para ofrecer. Anuncios de búsqueda de títulos de Amazon: son anuncios de texto que aparecen en la parte superior de las páginas de resultados de búsqueda de Amazon. Son una buena forma de promocionar sus productos entre los compradores que buscan palabras clave específicas.

Anuncios de video de Amazon: son anuncios de video que aparecen en el sitio web y la aplicación móvil de Amazon. Son una buena forma de promocionar sus productos entre los compradores que buscan contenido atractivo e informativo.

Amazon Display & Video Creative Studio: esta es una herramienta de autoservicio que le permite crear y administrar sus propios anuncios de Amazon. Es una buena opción para empresas que quieran tener más control sobre sus campañas publicitarias.

Al crear sus anuncios de Amazon, es importante tener en cuenta lo siguiente:

Dirija sus anuncios al público adecuado: asegúrese de que sus anuncios se muestren a personas que probablemente estén interesadas en sus productos. Puede hacerlo segmentando sus anuncios según palabras clave, datos demográficos e intereses.

Utilice un texto publicitario claro y conciso: el texto de su anuncio debe ser claro y conciso, y debe resaltar los beneficios de sus productos.

Utilice imágenes y vídeos de alta calidad: sus imágenes y vídeos deben ser de alta calidad y relevantes para sus productos.

Realice un seguimiento de sus resultados: es importante realizar un seguimiento de los resultados de sus anuncios de Amazon para que pueda ver qué funciona y qué no. Esto le ayudará a optimizar sus campañas y aprovechar al máximo su presupuesto publicitario.

Si sigue estos consejos, podrá anunciarse eficazmente en Amazon.com y llegar a su público objetivo.

¿CUÁLES SON LAS VENTAJAS Y DESVENTAJAS DE SERIALIZAR UN LIBRO?

tiene ventajas y desventajas.

Ventajas:

Genera anticipación: La serialización de un libro puede ayudar a generar anticipación para el producto final. Esto se debe a que los lectores esperarán ansiosamente la próxima entrega, lo que puede ayudar a crear una sensación de emoción y suspenso.

Aumenta la participación: la serialización de un libro también puede ayudar a aumentar la participación de los lectores. Esto se debe a que será más probable que los lectores vuelvan al libro si saben que hay más contenido por venir.

Permite comentarios: la serialización de un libro también puede permitir comentarios de los lectores. Esto se debe a que los lectores pueden compartir sus pensamientos y opiniones sobre el libro a medida que se publica, lo que puede ayudar al autor a mejorarlo.

Desventajas:

Escribir una serie puede ser algo difícil de seguir. Puede resultar difícil seguir el ritmo de la serialización de un libro, especialmente si el libro es largo o complejo. Esto se debe a que los lectores esperarán contenido nuevo con regularidad y el autor deberá poder cumplir con esa expectativa.

Puede ser difícil de comercializar: La serialización de un libro puede resultar difícil de comercializar, especialmente si el libro no es muy conocido. Esto se debe a que es posible que los lectores no sepan que el libro se está publicando por entregas y es posible que no estén interesados en comenzar un libro que saben que no podrán terminar de inmediato.

Puede ser difícil de terminar: La serialización de un libro puede ser difícil de terminar, especialmente si el autor pierde interés en el proyecto o si se topa con obstáculos creativos. Esto se debe a que el autor deberá poder continuar con el proyecto hasta que esté terminado, incluso si lleva mucho tiempo.

En última instancia, la decisión de publicar o no un libro es personal. Hay ventajas y desventajas a considerar, y la mejor opción para usted

dependerá de sus
necesidades y
objetivos específicos.

Aquí hay algunas
cosas adicionales a
considerar al decidir
si serializar o no un
libro:

El género del libro:
algunos géneros son
más adecuados para
la serialización que

otros. Por ejemplo, la ficción serializada puede ser una excelente manera de generar anticipación y suspenso, mientras que la no ficción serializada puede ser una excelente manera de brindar a los lectores actualizaciones periódicas sobre un tema en particular.

Su público objetivo:
su público objetivo
también
desempeñará un
papel en la decisión
de publicar o no su
libro. Si su público
objetivo está formado
por personas
acostumbradas a
consumir contenido
en formato
serializado, entonces
serializar su libro

puede ser una buena opción. Sin embargo, si su público objetivo no está acostumbrado a consumir contenido en formato serializado, es posible que serializar su libro no sea la mejor opción.

Tus propias preferencias: en última instancia, la

decisión de serializar
o no un libro es
personal. Si se siente
cómodo con la idea
de publicar su libro
por entregas y cree
que es la mejor
manera de llegar a su
público objetivo,
hágalo. Sin embargo,
si no se siente
cómodo con la idea
de serializar su libro
o cree que no es la

mejor manera de
llegar a su público
objetivo, no lo haga.

OTROS LIBROS DEL MISMO AUTOR

1. DIEZ INSTANCIAS EN LAS QUE UN HOMBRE NO DEBE OBEDECER A SU ESPOSA.

2. CÓMO TRATAR SIN PIEDAD CON

LOS ESPÍRITUS
GRANJEROS.

3.   LA MANERA
MÁS RÁPIDA
DE
DISCIPULAR A
LAS
PERSONAS.

4.   CÓMO
TRATAR SIN
PIEDAD CON
EL ESPÍRITU

DE ASCENSO Y
CAÍDA

5.   ¿QUÉ
PEDIRÁ DIOS A
LOS PASTORES
EL DÍA DEL
JUICIO?

6.   LOS
ERRORES MÁS
GRANDES QUE
COMETEN LOS
JÓVENES DE
HOY

7.   LAS ARMAS MÁS GRANDES QUE JESÚS NOS DIO

8.   CÓMO EMPODERAR A TUS HIJOS.

9.   CÓMO TRATAR SIN PIEDAD LA TONTERÍA

REPENTINA DE
SU ESPOSA.

10.   POR QUÉ
ELIMINÉ
CHATGPT DE
MI TELÉFONO.

11.   CÓMO
LIDIAR
DESPIADADAM
ENTE CON LOS
MALES QUE
GOLPEAN DE
NOCHE

12.   CÓMO TRATAR DESPIADADAMENTE CON LOS ENEMIGOS.

13.   DIEZ COSAS QUE VERDADERAMENTE TE HACEN CRISTIANO.

14. CÓMO DIOS PREPARA A LAS PERSONAS PARA LA EXPLOTACIÓN.

15. CÓMO SABER SI UNA CHICA ES AMA DE CASA MATERIAL

SOBRE EL AUTOR

A lo largo de los años, New Dimensions Ministries ha estado enseñando Inteligencia Financiera a sus estudiantes. La razón es que el Ministerio tiene sólo 3 patas, a saber; Integridad, Unción y Evangelización.